Quais são as suas graves razões?

Reflexões sobre o Método Billings como estilo de vida e
suas incongruências com a fé católica

Lucrecia Rego de Planas

Tradução: Francis Farias

Quais são as suas graves razões

Este documento não pretende ser exaustivo quanto às diversas formas de expressão do amor no matrimônio, que são milhares e muito diversas. Isso exigiria muitas páginas.

Unicamente pretendo fazer uma reflexão sobre as incongruências que encontrei entre a fé católica e o método Billings "como estilo de vida" e o dano que pode causar na única forma de expressão de amor exclusiva e característica do matrimônio nas relações sexuais.

Cabe esclarecer que admiro enormemente os Drs. Billings, a quem tive o prazer de conhecer em 1982 e aprecio muito seu trabalho de investigação e promoção da vida e que as reflexões que escrevi aqui, não se referem de modo algum às "falhas" que diminuem o método Billings, pois estou totalmente convencida de sua alta efetividade como método de regulação da fertilidade.

Por outra parte, visto que meu nome aparece em muitos livros de religião, quero deixar claro que a forma de pensar que aqui manifesto, não reflete necessariamente a linha de pensamento de nenhuma das organizações religiosas e civis às quais pertenço, mas que é unicamente a expressão de conclusões às que cheguei, depois de dez anos de vivência do método de ovulação Billings como "o estilo de vida do meu matrimônio^", apegando-me em todo momento à doutrina católica.

Dez anos com o método Billings

Começarei falando de mim, que talvez não seja muito correto, mas isso é indispensável para que se possa entender todas as minhas reflexões posteriores.

Sou uma mulher de trinta e quatro anos com um organismo saudável. Meus ciclos são de vinte e oito dias exatos, com clara diferença entre fases férteis e inférteis. Conheci o método Billings muito antes de me casar e então me pareceu a solução ideal para um matrimônio cristão que deseja ser fiel a Deus e deseja cumprir com uma paternidade responsável.

O estilo de vida Billings tem sido meu estilo de vida durante dez anos de matrimônio.

Tudo parecia ir bem até que um dia, minha consciência começou a me dizer que não estava fazendo a coisa certa, que algo não estava bem na vivência do método como um estilo de vida para meu matrimônio. Chegou um momento em que a situação se tornou insuportável pois minha consciência não me deixava em paz, e faz dois meses que falei com meu diretor espiritual e lhe disse: "Não concordo com o método Billings! Me choca!"

Ele deu uma gargalhada, pois sempre fui uma valente promotora do método.

Tentei explicar, mas não consegui, pois meus sentimentos adversos eram fruto de muita oração, muitas reflexões, longas conversas com meu marido e muitas horas de insônia, pelo qual decidi escrevê-las e são as que agora tens em tuas mãos.

As primeiras reflexões... o Billings é um método "natural"?

Devido ao meu trabalho como redatora de livros religiosos, tive que estudar com profundidade as Sagradas Escrituras e muitos documentos da Igreja.

Graças a isso, descobri a grandeza do matrimônio desde o ponto de vista de Deus e pude palpar como Deus viu desde sempre as relações sexuais dentro do matrimônio, como um meio inigualável de comunicação, amor, colaboração à sua obra criadora através da procriação.

Mas... não por isso minhas primeiras reflexões foram muito elevadas. Ao contrário, eram francamente terrenas, se limitavam a duas perguntas:

Por que o chamam método natural, se funciona exatamente ao contrário das leis naturais? À simples vista, é tão natural como comer quando não se tem fome e dormir quando não se tem sono...

Quem disse que o Billings melhora a comunicação do casal? Existem, por acaso, estatísticas a este respeito?

Estas idéias surgiram ao ver os sentimentos confusos que o método gera a respeito das relações sexuais, nos matrimônios que o usam.

Para me dar a entender, me permitirei transcrever, com a autorização dela, as páginas do diário de uma amiga a quem fazia assessoria quando era instrutora do método.

18 de abril

Querido diário...

Hoje estou com um humor magnífico, me sinto bem física e psicologicamente. Meu marido amanheceu belíssimo e meu nível hormonal está perfeito para sentir uma atração irresistível por ele. Minha barriga está reta, meus seios redondeados, meu cabelo dócil e a pele perfeita

Eu adoraria demonstrar-lhe meu amor juntando todo o ágape, filios e eros que sinto por ele, mas hoje não é possível isso, pois... que horror! Estou fértil! E, se me aproximo, mesmo que um pouquinho, é muito possível que, ou terminemos com uma ofensa grave à castidade no matrimônio. ou que comecemos algo que sabemos que não vamos terminar e fiquemos tristes e insatisfeitos. Porque, definitivamente... nenhum de nós dois queremos outro filho!

¡Bah! Será melhor colocar meu pijama de flanela e ler um livro na cama enquanto ele vê televisão. Quando ele chegar na cama, fingirei que estou dormindo para fugir da tentação.
Por que está tão bonito hoje? Não é justo!

26 de abril

Querido diário...

Hoje estou com um péssimo humor, meu nível hormonal não me ajuda em nada. Sinto-me cansada, tenho dor de cabeça e meu ventre está inflamado por dentro e por fora por conta da proximidade da minha menstruação.

Tenho espinhas no rosto, meus seios estão doloridos, meu cabelo impossível de pentear...

No momento que chegar meu marido, tenho desejo de contar-lhe tudo o que senti hoje e dizer-lhe que o amo, enquanto jogamos uma partida de gamão com uma xícara de chá de camomila bem quente.

Gostaria de recebê-lo com meu pijama de flanela e meu casaco quentinho. Mas... Não! Hoje é um dia infértil e faz muitos dias que não temos a oportunidade de ter relações. Farei um esforço, vou me arrumar e ficar bem bonita (vamos ver se consigo) e o receberei com beijos e abraços. Vai me dar trabalho, pois não tenho vontade de nada, mas...Hoje é o dia! E se eu falo que não estou disposta... ele vai morrer! A vantagem é que já descobri que fazendo amor a minha dor de cabeça passa.

2 de maio

Querido diário...

Socorro! Não chegou minha menstruação! E se eu estiver grávida... vou morrer! Como vou dizer ao meu marido? Ele vai me matar. Tenho certeza que ele vai me dizer que sou uma tola, que não sei me observar, que não sei preencher a tabela, que menti para ele...

Talvez até pense que eu o traí com outro, pois com ele só tive relações em dias inférteis...

Vou fazer o que? Espero que seja um pesadelo e amanhã descubra que a minha menstruação chegou. Mas agora... estou totalmente deprimida.

Mostrei estas páginas a várias usuárias do método e todas riem e concordam que este diário ilustra bastante acertadamente a realidade que a mulher vive levando um "estilo de vida" Billings..

Esta situação me levou a me questionar:

O que tem a ver este diário com o que Deus visualizou quando nos criou homem e mulher?

O que tem a ver este diário com o mandamento que dá muitas vezes na Sagrada Escritura: "Crescei, multiplicai-vos e enchei a terra"?

O que tem a ver com a comunicação e intimidade que prometem os instrutores do método?

O que tem a ver com a alegria que um novo filho deveria ocasionar a um matrimônio cristão?

Aprofundando um pouco mais sobre o método Billings

Através destas reflexões puramente terrenas, fui aprofundando nos pensamentos um pouco mais teológicos e foi então que cheguei a uma conclusão sumamente estranha e preocupante:

Se é verdade que Deus é infinitamente sábio, que Deus é o único doador da vida, que Deus é meu Pai providente, que amou a cada homem de maneira única e irrepetível e assignou a cada um uma missão específica e insubstituível na terra, então ter um filho é algo maravilhoso e... viver um estilo de vida Billings para limitar o número de filhos é uma verdadeira tolice!

Se, pelo contrário, o sensato é viver um estilo de vida Billings, em prol da "paternidade responsável"... então teríamos que pôr em dúvida essas verdades eternas.

Será possível que Deus não seja tão sábio, nem tão bom, nem tão providente?

Será possível que meu marido, meus filhos e eu mesma, possamos ser um produto da irresponsabilidade de nossos pais e não criaturas de Deus, eleitas desde toda a eternidade?

Ao chegar a este ponto em minhas reflexões, foi quando me dei conta e fui ao meu orientador moral em busca de ajuda: "Me choca o método Billings! É incongruente com o que creio! Como é possível isto, se me ensinaram, aconselharam e promoveram os mesmos que foram meus mestres na fé? Em que devo crer? Socorro!"

Apesar de ser mulher, sou bastante racional e me dei conta no meu trabalho de que a fé e a razão se complementam à perfeição. Não há nada que não concorde maravilhosamente.

Por isto, decidi pensar e pensar nestas conclusões, rezar e rezar, até esclarecer os fundamentos de cada uma delas. Quero agradecer ao meu marido pelas suas críticas, refutações, reclamações e racionalismos (bastante mais racionais que os meus), pois me ajudou enormemente a aclarar e fundamentar todas as minhas idéias.

Primeira reflexão: Se Deus é infinitamente sábio...

Eu creio firmemente que Deus é infinitamente Sábio. Creio, portanto, que tudo o que foi criado por Ele está feito com infinita Sabedoria.

Graças a que Deus é sábio, as leis que pôs no Universo são perfeitas. Cada uma tem razão de ser e graças a elas os planetas não se chocam uns com os outros, mas sim giram em órbitas perfeitamente desenhadas.

Graças a elas, a água sempre molha, o fogo sempre queima e o equilíbrio do universo se mantém.

A sabedoria que se percebe nas leis que regem o Universo nos confirma que Deus não falhou em seus cálculos.

Ao longo da história, podemos constatar as consequências nefastas que acarreta ao homem, tentar violar as leis e os ciclos planejados por Deus.

Ao criar a mulher, Deus pôs nela uma maquinaria reprodutora sujeita a certas leis:

a) Esta maquinaria foi desenhada para se fértil somente uns poucos dias a cada mês, durante uns poucos anos de sua vida.

b) As leis que regem esta maquinaria fazem que o mecanismo hormonal prepare o corpo e a mente da mulher para ter relações nos dias férteis e não assim nos inférteis.

Com isto, ciclos sabiamente desenhados, Deus planejou que as mulheres não pudéssem ter oitenta filhos, mas no máximo... uns quinze, e isto supondo muita juventude, muita saúde e relações sexuais muito, mas muito frequentes.

Agora, sendo realistas... as mulheres cada dia se casam menos jovens e a labuta da vida moderna faz que as relações conjugais se tornem mais escassas de forma natural em qualquer matrimônio. Estas duas situações, já por si mesmas, farão que nasçam menos crianças no mundo, sem necessidade de nenhum método de controle da fertilidade.

Penso... Se Deus tivesse querido um número menor de filhos, não teria sido mais fácil para Ele, desenhar a uma mulher para que fosse fértil cada dois ou três anos e não a cada mês?

Mas não o fez assim. Deus, a Sabedoria plena, desenhou a mulher fértil cada vinte e oito dias... e com o corpo e a mente preparados para as relações sexuais justo no período fértil.

Quais terão sido suas pretensões?

Que se escrevessem muitos diários como o da minha amiga ou que as famílias fossem mais numerosas?

A outra opção que ficava era deixar de acreditar na sabedoria de Deus e pensar que nisto sim Ele teria falhado nos cálculos.

O método Billings, como estilo de vida, nos leva a duvidar da sabedoria de Deus em quando à frequência que deveriam ter os períodos férteis: nos observamos, anotamos, nos cuidamos, fugimos da fertilidade como se fosse uma maldição enviada por Deus ou, pelo menos, um erro de sua parte.

Segunda reflexão: Se Deus é infinitamente bom...

Se creio que Deus é bom, então não posso crer que a fertilidade da mulher, criatura de Deus, possa ser algo mal, que tenha que controlar como se fosse uma paixão desordenada.

Definitivamente, a fertilidade é algo bom e querido por Deus para que existam mais homens que dominem a terra e que possam depois gozar da felicidade eterna junto a Ele.

Sem embargo, em alguns matrimônios que vivam o método Billings como um estilo de vida, a fertilidade se considera quase um defeito, apesar de que todos sabemos que Deus disse a Adão e Eva: "*Sede fecundos, multiplicai-vos, enchei a terra e submetei-a*" (Gn 1,28) e que nunca lhes disse: "Multipliquem-se com prudência, façam cálculos para que não caiam na irresponsabilidade".

Algo curioso acontece no rito do matrimônio quando se pergunta aos noivos: "Estão dispostos a aceitar os filhos que Deus lhes der?"

Todos respondemos: "Sim, estamos dispostos", mas os que conhecem o método Billings pensam: "sem esquecer a nossa tabela para evitá-los".

Em centenas de casos, pude ver que o primeiro que planejam, os que vão se casar, é em como vão controlar a fertilidade, em vez de fazer um plano de como vão controlar seu egoísmo, sua soberba, sua ira… que são muito mais perigosos para uma relação matrimonial.

Não valeria a pena incluir nos cursos pré matrimoniais uma sessão de como fazer um plano de vida para dominar as paixões que são algo real, em lugar de ensinar-lhes a controlar uma fertilidade que, ironicamente, não sabem ainda se existem? Uma paixão desordenada pode perder-nos eternamente; por outro lado, seguramente nenhuma mãe irá ao inferno pelo simples fato de haver tido muitos filhos.

Terceira reflexão: As "falhas" do Método Billings

Estou convencida de que o método Billings é infalível.

Se você não tem relações sexuais nos períodos férteis, é lógico que não conceberá um filho, porque... simplesmente, não há óvulo ao que fecundar ou as condições para os espermatozóides são totalmente adversas.

Então... Como explicar a existência de tantos filhos concebidos em matrimônios que fazem fielmente o método Billings?

A única explicação que encontrei é que Deus é Todopoderoso. Se Ele pôde criar todo o Universo, criando-o do nada, se pôde fazer que seu Filho nascesse de uma Virgem, se pôde fazer que nascessem Isaac e João Batista de ventres anciãos e inférteis, então... poderá perfeitamente permitir que "falhe" o Billings ou qualquer outro método.

Sim. Ele é capaz de fazer com que se rompam as leis naturais que Ele mesmo criou, quando assim crê conveniente. É o que conhecemos com o nome de milagres.

Esta é a explicação que dou ao fato de nascerem filhos de mulheres com trompas ligadas, de mulheres que tomam anticoncepcional, de mulheres com dispositivo intrauterino e de mulheres que fazem fielmente o método Billings, abstendo-se de ter relações sexuais em períodos férteis.

Claro! Se Deus considera que um filho será uma benção para este matrimônio, pode aproveitar-se das falhas dos anticoncepcionais, que as trompas se desliguem, que o DIU saia do lugar, que a mulher não perceba que está fértil. Tem poder para fazê-lo e o faz, porque ama o homem e quer o melhor para ele.

Todas essas crianças são milagres permitidos e queridos por Deus.

Quarta reflexão: Pode um filho ser o produto de uma irresponsabilidade?

Você é uma irresponsável! Estas foram as palavras que uma tia "me parabenizou" quando soube que estava esperando um quarto filho.

Uma amiga dela que estava presente foi que interviu ao meu favor dizendo: realmente muito abençoada, minhas duas filhas não puderam ter bebês e levam muitos anos buscando tê-los.

Mesmo que eu saiba no meu interior, mais uma vez, me surpreendeu escutá-la. Como é possível que algumas se queixem de nossa fertilidade e tentemos escapar dela, com nossa tabelinha do Método

Billings, enquanto há centenas de casais que morrem de vontade de ter um filho e não conseguem por mais tratamentos hormonais, operações cirúrgicas e experimentos que fazem para conseguir?

Por que Deus permite essas diferenças tão extremas? Não seria mais justo que todos pudessem ter o mesmo número de filhos?

Isso é um mistério, mas se cremos realmente que Deus é sábio e bom, cremos também que o permite por razões sábias e boas.

Que razões poderá ter Deus para permitir que existam matrimônios estéreis enquanto há outros muito fecundos?

As razões de Deus devem ser muitas e muito variadas, mas uma razão boa para permitir que um matrimônio seja muito fecundo é simplesmente para que o mundo se encha de homens e mulheres santos e lhes concede a aqueles que crê que são capazes de educá-los para a santidade.

Mas existem mais razões: no meio rural de todo o mundo, os filhos significam o apoio e a força de trabalho necessários para a sobrevivência de toda a família. Eles agradecem a Deus sua fecundidade.

Claro, sei que também existem matrimônios fecundíssimos que vivem na total miséria, como é o caso de centenas de famílias na Índia. Estas têm uma missão importantíssima e é a de abrir os olhos a todos aqueles que têm sobrando e dizem que não podem manter mais um filho. Deus quer que se desperte neles os sentimentos de generosidade e solidariedade que os ajudarão a alcançar a salvação eterna.

E os matrimônios estéreis?

A alguns, pode ser que Deus permita a sua esterilidade para que eles como matrimônio, tenham tempo suficiente para dedicar-se à extensão do Reino de Cristo através de obras apostólicas ou humanitárias.

Também poderia ser que Deus permitisse a esterilidade em um matrimônio para despertar neles a generosidade que implicaria adotar aqueles filhos não desejados por outros.

Outra razão pode ser, para demonstrar com estes exemplos à humanidade inteira, que um filho é sempre um dom de Deus e não um direito de todo matrimônio que queira tê-lo...

Podemos evitar a vida, mas não temos o poder de dá-la. No dar a vida a um ser humano, tem que haver forçosamente uma intervenção direta, uma ação voluntária de Deus.

O homem, por mais que se esforce para gerar um filho, se Deus não lhe concede o dom da vida... esse filho não nascerá.

Se é certo que Deus é o dono da vida e que é o único que pode concedê-la, então, um filho não pode ser nunca produto de um acidente da natureza ou de uma fragilidade do homem, mas sempre será uma ação voluntária de Deus, que deseja que esse filho venha à vida.

Então... Que sentido tem usar o método Billings? Para que tanta continência, tantos medos, tantas recriminações que gera num casal? Não seria mais fácil aceitar de antemão, com humildade, o Plano de Deus em minha vida, aceitar minha fecundidade ou esterilidade e viver com uma total abertura minha vida conjugal tal como Deus a ordenou desde o princípio?

Depois de tudo, se concebo um filho, será porque Deus assim o quis, pois só Ele é o dono da vida.

Quinta reflexão: Se é certo que Deus ama cada homem e o elegeu desde toda a eternidade para uma missão insubstituível...

A fé nos diz que Deus tem um plano para cada homem. Diz também que cada ser humano que chega à vida foi pensado e amado por Deus desde toda a eternidade.

Isto significa que cada menino, cada menina que chega ao mundo tem uma missão insubstituível neste lugar, que cada criança está chamada a conhecer a Deus e a gozar eternamente de sua presença no Céu.

Se hoje retirassem esta parte da fé e nos dissessem que não é certo, que somos só um acidente da natureza, uma irresponsabilidade de nossos pais... Que sentido poderia ter a vida?

Então, se é certo que todos fomos pensados e amados por Deus, se é verdade que cada criança que nasce tem uma missão insubstituível... Com qual cara posso dizer a Deus que não desejo trazer mais filhos ao mundo? Com qual cara posso dizer a Deus que não quero que essas crianças, as que Ele pensou desde sempre, cheguem a conhecê-Lo?

Com qual cara poderei ver a Deus no dia do juízo quando me diga que Ele havia pensado em doze filhos meus como doze grandes apóstolos, mas eu só aceitei Lhe dar cinco, porque "fiquei com preguiça de começar de novo com as fraldas"?

Com qual cara poderia dizer-lhe, a esse filho meu, ao que ainda não conheço, que não vou permitir que venha ao mundo, porque "já não cabe no quarto dos seus irmãos"?

Como lhe posso negar o direito de conhecer a Deus, de converter-se no templo do Espírito Santo, de chegar ao Céu e gozar de uma felicidade eterna?

Como posso negar a vida a alguém por preguiça, por egoísmo ou por não confiar suficientemente em Deus?

Como posso negar ao mundo a oportunidade de que um filho meu faça algo bom pela humanidade, porque não permiti que ele nascesse?

Sexta reflexão: Se a Providência Divina existe...

A fé nos diz que Deus, em sua infinita Bondade, Poder e Sabedoria permite aquilo e somente aquilo que pode ser bom para a salvação do homem, pois Ele sabe como tirar do mal um bem maior.

Se é verdade isso, se é verdade que Ele é meu Pai e é Todo Poderoso, então, não vai permitir que aconteça algo contrário à minha salvação. De fato, nem sequer permite que o demônio me proponha tentações que eu não possa vencer.

Então, se Ele me manda um filho que eu não desejava, nem buscava, porque me sentia incapaz de educá-lo, devo confiar que Ele mesmo verá a maneira de conceder-me todo o necessário para dar a este filho a educação e o cuidado necessário para que possa ser capaz de chegar ao Céu e gozar eternamente de sua Glória.

Por exemplo, suponhamos que a razão pela qual eu não quero ter outro filho é porque vivo em um apartamento muito pequeno e sei que as crianças precisam de espaço para correr. Suponhamos que Deus me mande um filho mesmo que tenha feito todo o possível para evitá-lo. Então, se creio na Providência Divina, posso estar seguro de que Deus me concederá a graça de ter um parque próximo ou amigos que nos convidem para brincar nos seus jardins.

Deus, melhor que ninguém, sabe o que os filhos necessitam. Ele os criou!

Se cremos na Providência Divina, devemos confiar em Deus. Ele é nosso Pai. Ele nos dará tudo o que necessitamos: pobreza ou riqueza, saúde ou doença, fertilidade ou infertilidade, excesso de tempo para transformar o filho único em um super-homem ou falta de tempo para que os quinze filhos aprendam a partilhar, a ajudar, a sacrificar-se pelo outro. Tudo o que Ele permite é bom e está direcionado para a nossa Salvação!

A única condição que Deus nos coloca para dar todo o necessário é "buscar primeiro o Reino de Deus", ou seja, esforçar-nos para cumprir a Sua vontade no estado e condição que nos encontramos.

A coisa muda quando voluntariamente não cumprimos a Vontade de Deus, pois então, não podemos colocar a nossa confiança em Deus e a temos que colocar em coisas tão instáveis como a alta das ações na Bolsa, ou nas taxas de juros bancários, ou em uma empresa que hoje pode estar bem e amanhã mal... Isso sim é para se tremer de medo.

Sétima reflexão: Um filho é sempre um dom

Os filhos, buscados ou não, são sempre um dom, uma benção, um presente maravilhoso de Deus.

Tenho dez anos de casamento, dez anos de vivência intensiva do estilo de vida Billings e tenho cinco filhos.

Os dois primeiros foram concebidos "meio que cumprindo" as regras do método Billings. Não buscávamos ter filho, porque, segundo nós mesmos, como todos os recém-casados, "ainda não era o momento mais adequado", mas sabíamos que estávamos rompendo as regras em dias possivelmente férteis: em vez de seguir a regra que diz "um dia sim e um dia não e de noite [também não]", era "um dia sim e outro também a qualquer hora".

Estávamos "abertos" à concepção, mas... nos dias francamente férteis fazíamos continência. Agora me pergunto: Para que? De qualquer forma fiquei grávida! Teria sido muito mais enriquecedor para nós dois, estando totalmente abertos à vida e entregando-nos sem reservas e sem a angústia de: será que é o dia três? Eu me observei bem? Que medo!

Os dois são umas crianças maravilhosas. Deus sabia o que fazia ao me mandá-los.

A minha terceira filha, que é uma preciosidade, a concebemos livre e conscientemente. Lembro-me deste momento como o mais feliz da minha vida matrimonial. Era dia de pleno ápice, sabíamos que estávamos concebendo um filho. Não houve reservas, nem medos, nem nada que limitasse nossa entrega mútua. Isso não deveria ser o normal da vida matrimonial? E eu, em dez anos de casada, só o experimentei uma vez. Que desperdício!

Meu quarto filho e minha quinta filha foram concebidos não sei nem como, nem quando. Fizemos total continência nos dias férteis e possivelmente inférteis e em vez de: 1, 2, 3, 4, era: 1, 2, 3, 4, 5, 6, 7 e pela noite, depois do dia ápice.

Para que? Deus nos mandou dois filhos preciosos, que são uma verdadeira benção. Ele sabe o que é bom para nós. Nós não nos sentíamos capazes de manter e educar mais um filho e Deus nos considerou capazes, confiou em nós e se encarregou de dar-nos todo o necessário.

Somos bem-aventurados. Os filhos são uma benção e não um castigo de Deus. Devemos perder o medo de ter filhos. O medo do filho que atrapalha as relações conjugais. Um filho é o melhor que pode acontecer e Deus não nos mandará mais do que Ele queira, guiado pela sua infinita sabedoria e bondade. Por que ter medo de não ser capazes, de não ter tempo, de não ter dinheiro, de não ter saúde? O problema é de Deus e não nosso, pois Ele se comprometeu: *"Buscai, em primeiro lugar, seu Reino e sua justiça, e todas essas coisas vos serão acrescentadas"* (Mt 6,33).

Apesar disto, estou de acordo com o ditado mexicano que diz: "A Dios rogando y con el mazo dando"[1]. Sei que não é algo fácil, pois um número maior de filhos implicará em mais trabalho, mais cansaço, mais sacrifício, menos tempo para si mesmo, mas tudo isso está implícito em buscar o Reino de Deus e Sua justiça. Nunca Jesus nos disse que o caminho seria fácil e se, estando aberto à vida, Deus decide, com Sabedoria e Bondade enviar-nos muitos filhos, será uma manifestação clara de sua Vontade, e não um produto de nossa responsabilidade.

---

[1] Nota do tradutor: invoca a importância de trabalhar e esforçar-se para conseguir o desejado, ao mesmo tempo que se invoca a ajuda da graça divina. Seria o equivalente a "Deus ajuda quem cedo madruga".

Oitava reflexão: E os filhos de Francisca?

Uma amiga muito próxima leu minhas reflexões quando estavam ainda num rascunho e me disse:

"Não tenho nenhuma objeção se penso em você, em seu marido, em seus filhos... e todos os que vocês cheguem a ter. Não duvido que seja uma benção, que tenham uma missão, que Deus os amou desde sempre. Mas, e os filhos da Francisca...?

Francisca é uma senhora que trabalha na casa de uma amiga nossa. É mãe solteira de sete filhos, cada um de um pai diferente. Os filhos ficam "aos cuidados" da avó, da tia, da comadre etc. Muitos dias, não têm o que comer e se vestem com farrapos conseguidos nos brechós da vizinhança.

Sua pergunta me fez refletir, mas ao final a conclusão foi a mesma:

Deixando de lado os julgamentos que possamos emitir sobre a bondade e a maldade das ações desta mãe, sua responsabilidade ou falta dela ao gerar estas vidas; se é verdade que Deus é Bom, Todo-poderoso, Providente e Único doador da vida, não nos poder caber a menor dúvida de que essas crianças desnutridas e vestidas com farrapos foram queridas por Ele e têm uma missão importante para cumprir nesta vida.

Humanamente é difícil entender, mas se cremos na vida eterna, tudo tem sentido automaticamente. A vida é sempre um dom, mesmo que esteja cheia de sofrimentos e amarguras, pois é a oportunidade para alcançar uma eternidade feliz junto a Deus.

A vida é só um pontinho na eternidade e qualquer sofrimento vale a pena para alcançar essa vida eternamente feliz junto a Deus.

Aos filhos da Francisca se pedirá muito menos que a outros para alcançá-la. Essas crianças também são uma benção, uma amostra do amor de Deus pelo homem!

Podemos dizer o mesmo sobre os deficientes físicos, sobre as pessoas com deformidades, doenças mentais, os abandonadores, os que morrem de fome na Índia... todos eles foram amados por Deus desde sempre e todos tem uma missão especial e importante neste mundo.

Nona reflexão: A paternidade deve ser responsável

O termo "paternidade responsável" surgiu pela primeira vez na Igreja referindo-se à responsabilidade que implica ser pais.

O Papa e os bispos continuaram falando disso em seus documentos, mas seu significado original foi sendo desvirtuado por alguns governos e associações que dizem lutar contra a superpopulação.

Desta maneira, o termo "paternidade responsável" se converteu em um slogan publicitário e, usado desta maneira, nos levou a crer que a responsabilidade dos pais se mede em função do número de filhos e... não tem nada a ver uma coisa com a outra!

O triste é que esta situação enganou a muitos católicos e não católicos, a sacerdotes e leigos. Disfarçou a verdade, escondendo sob a palavra "responsabilidade" o egoísmo, a sexualidade desenfreada, o materialismo, a comodidade...

O termo "paternidade responsável" entendido como "poucos filhos para lhes dar muito" é um engano, pois alguns dos que o seguem, justamente o fazem por não assumir uma nova responsabilidade, já seja por preguiça, por egoísmo, por falta de generosidade ou por falta de confiança em Deus.

Não obstante, o termo é muito valioso quando damos o seu primeiro significado que se refere a fazer-se responsáveis dos filhos que se tenha. Desta maneira, a paternidade responsável se exerce uma vez que o filho nasce e não impedindo que este nasça.

A "paternidade responsável" não consiste em limitar o número de filhos, senão em assumir a responsabilidade, desde o momento da concepção, de educar e amar a este filho com o esforço, o tempo, o trabalho, o sacrifício que seja necessário.

Se um matrimônio não deseja assumir essa responsabilidade... que se abstenha de ter relações sexuais!

Mas se a priori assumiu esta responsabilidade e se confia que Deus suprirá nossas limitações, então... por que abster-se dos gozos próprios e exclusivos do matrimônio, exatamente nos dias que o organismo está preparado para eles?

É certo que seria irresponsável aceitar uma nova responsabilidade quando se vê claramente que não posso cumprí-la. Mas a responsabilidade de uma nova vida só Deus pode dar e a dá como uma promessa: *"Não vos preocupeis... vosso Pai celeste sabe que tendes necessidade de todas essas coisas. Buscai, em primeiro lugar, seu Reino e sua justiça e todas essas coisas vos serão acrescentadas"* (cf. Mt 6,25-34), que em outras palavras significa: "Eu te darei o que necessites. Confia. Sou Todo-poderoso e te amo".

É certo... é "menos pior" não aceitar a responsabilidade que aceitá-la e não cumprí-la. Mas, sem dúvida, é melhor aceitá-la e cumprí-la, não é mesmo?

Décima reflexão: Qual pode ser uma grave razão?

O Santo Padre, que conhece muito bem a Deus, nos diz que é lícito usar o método da continência periódica para espaçar a gravidez, quando exista uma razão proporcionalmente grave que assim o mereça. Mas atenção, nos diz "é lícito", mas não nos diz "é recomendável" ou "é obrigatório" e nos fala de "espaçar" mas não de "limitar".

Em todos os documentos da Igreja sobre o tema, desde *Humanae Vitae* até *Evangelium Vitae* passando por *Familiaris Consortio* e o *Catecismo da Igreja Católica*, se fala que uma "grave razão" pode ser: econômica, social, fisiológica ou psicológica, mas não se especifica quantitativamente, nem qualitativamente, ou seja: não esclarece que tão pobre ou que tão doente ou que tão louco alguém tem que estar para que seja lícito espaçar os nascimentos.

E como não esclarece, o desejo de "ser responsáveis", de acordo com o slogan, fez que muitos matrimônios acreditem que uma razão grave pode ser:

- "o não poder mandar os filhos a uma escola cara." O que sabemos nós se o fato de ir a esta escola lhes ajudará para a sua Salvação? Se Deus quer e sabe que isso é indispensável para a salvação dos filhos, Ele se encarregará de que possamos conseguir uma bolsa.

- "o não poder viajar todos os anos para a Disney." A Disney nos acrescenta tanto de modo que seja indispensável para a Salvação? Santo Agostinho não a conheceu e ainda assim está no céu!

- "o não ter uma casa suficientemente grande para que cada filho tenha sua suite." Não será mais edificante para as crianças aprender a conviver num espaço menor?

- "o não ter tempo suficiente para levar todos às aulas de karatê, computação, tênis e todo o necessário para ser super-homens." Não será mais santificante conviver em casa e aprender a compartilhar a mamãe com os outros e ajudar-se mutuamente?

- "o não ter paciência suficiente para lidar com mais de dois." Não é a paciência fruto do Espírito? Não deveríamos confiar que Deus nos dará paciência, se sabe que a necessitamos, e que virá incluída com o novo filho?

- "o não ter tempo para atender a todos como eu gostaria." E como Deus gostaria que eu os atendesse? As mães sempre tendem à supertroteção e talvez Deus queira que nossos filhos aprendam a ser autônomos mais rápido por alguma razão que Ele conhece e nós não.

Nós não podemos saber, mas Deus sabe tudo e nos ama. Por que não deixá-Lo decidir se nossa razão é grave ou não? O caminho fácil é pôr qualquer pretexto de gravidade. Devemos aprender a confiar em sua Divina Providência, cuidando somente de colocar tudo de nossa parte, para cuidar e educar aqueles filhos que Ele, guiado por sua Bondade e Sabedoria nos mande!

Esses filhos serão uma demonstração clara de sua Vontade, uma prova viva de qual é a missão que Ele tem encomendada para nós desde toda a eternidade.

Apesar de tudo o que disse, estou de acordo que podem existir razões verdadeiramente graves, por exemplo:

- "meu útero está destroçado, corro risco de morte com uma gravidez!"

- "eu e meu marido temos sérias desavenças e brigas contínuas".

- "estou em tratamento psiquiátrico pois tenho um problema emocional grave".

Nestes casos, não se pode assumir a responsabilidade de cuidar e educar um filho e portanto, pode recomendar-se a continência e talvez não somente periódica, mas total e permanente, pois do contrário seria um atentado contra a própria vida.

Mas... continência por medo ao sacrifício que trará a concepção de um filho? Isso tem muito de egoísmo e pouco de amor. Este sacrifício seria em vão como o das mulheres que dizem "sacrificar" sua maternidade para manter um corpo esbelto.

A continência por medo de ter filho pode ser mais egoísta que o anticoncepcional: isso de ter que tomar diariamente e sem falta, uns comprimidos que engordam, produzem acne, geram hemorragias, destroem o sistema hormonal e, o pior de tudo, anulam a possibilidade de receber Jesus sacramentado, só para comprazer a um marido que não quer mais filhos, é mais difícil e arriscado sem dúvida alguma, que negar-se a ter relações em períodos férteis.

Do mesmo modo, poderia resultar menos egoísta ser capaz de arriscar-se por amor ao marido, a uma operação de ligação de trompas ou de retirada do útero que lhe gerarão moléstias terríveis físicas e psicológicas.

Usar o método Billings sem ter uma razão grave para evitar a gravidez pode ser tanto ou mais nocivo que os métodos artificiais, pois além de ser um caminho mais fácil, deteriora a comunicação no matrimônio e gera umas relações "semi-obrigatórias" e pouco satisfatórias, como se vê no diário da minha amiga.

O método Billings não é mau, mas não deve ser um "estilo de vida" mas somente um "quebre o vidro no caso de emergência" para recorrer a ele nos momentos isolados da vida matrimonial nos que exista uma razão verdadeiramente grave para não ter outro filho.

Valeria a pena perguntar a todos os casais que creem santificar-se por usar o método Billings: Qual é a sua "grave razão" para não desejar mais filhos?

Também deveríamos perguntar a alguns promotores do método se não se sentem mal de fazer os jovens próximos do casamento acreditarem que para ser "responsáveis" devem "controlar" o maior dom que receberam de Deus, o dom de ser capazes de ser co-criadores com Ele.

Não seria melhor utilizar todos seus esforços e recursos humanos e materiais para convencer os homens de que devem confiar em Deus Pai, Sábio, Todo-poderoso, Providente e Bom?

Décima primeira reflexão: A continência como meio de santificação

A continência voluntária do casal pode ser um excelente meio de santificação, quando está baseada no desejo de formar a vontade, fazer um sacrifício por alguma causa nobre, melhorar as relações do casal ou reparar as penas merecidas pelo pecado.

Mas... quando está baseada no medo de ter outro filho pela generosidade, não serve como meio de santificação.

Há pessoas boas que desejam ser fiéis a Deus que, lamentavelmente, as pressões sociais lhes fizeram crer que sua continência baseada em desejos materialistas é um sacrifício com o que agradam a Deus.

Os casais que desejam utilizar a continência periódica como meio de santificação deveriam colocar uma data fixa para sua continência, por exemplo todas as sextas ou toda a Quaresma e não fixar essas datas em função dos períodos férteis, pois o medo de ter filho pode atrapalhar ou turvar seu trabalho de santificação.

Décima segunda reflexão: O método Billings é um mal necessário?

Existem boas organizações como a WOOMB, que promovem o método Billings entre as massas, para contrapor a ação das autoridades antinatalistas.

É verdade, se o método não se promove, então as pessoas cairão no uso de anticoncepcionais ou no aborto que tem consequências piores.

Mas... é o Billings que deve ser promovido ou a generosidade e a confiança em Deus?

Quando perguntaram a Jesus sobre o por quê Moisés aceitava o divórcio, Ele disse: *"Por causa da dureza dos vossos corações, vos permitiu repudiar vossas mulheres, mas no princípio não foi assim"* (Mt 19,8). *"O que Deus uniu, o homem não deve separar"* (Mt 19,6).

Jesus respondeu isso, não porque acreditasse que o coração do homem tinha mudado, mas porque sabia que nos deixaria o Sacramento do Matrimônio, mediante o qual, o próprio Deus ajudaria o homem a ser capaz de cumprir com a indissolubilidade e a unicidade da união conjugal.

O homem não tinha mudado, mas antes estava só e agora contava com a força do Sacramento, com a força do próprio Deus.

Será acaso que agora se promove o método "devido à dureza do coração do homem"? É a promoção indiscriminada dele um mal que se permite para evitar outros piores? Não é o Sacramento o suficientemente poderoso para também ajudar o casal a confiar em Deus neste aspecto? Terá que voltar Jesus Cristo de novo para instituir um novo Sacramento que ajude os matrimônios a confiar na mão Providente de Deus?

Não é possível! A graça do sacramento é suficiente.

O que acontece, e deveríamos aceitar, é que nossa fé é muito frágil e preferimos acreditar nas errôneas e falazes teorias Maltusianas, as quais, apesar de ter sido desmentidas milhares de vezes, continuam nos assustando com suas histórias de um mundo superpovoado e incapaz de alimentar a todos.

Aqui transcrevo algumas citações do Evangelho que encontrei quando andava em minhas crises de consciência e todas elas me confirmaram minhas conclusões:

· "Quem recebe a um destes pequenos, a mim me recebe..."

· "Não vos preocupéis pelo que haveis de comer... pois vosso Pai Celestial já sabe o que necessitam..."

· "Buscai o Reino de Deus e tudo mais vos será acrescentado"

· "Tudo que fizestes a um deles, a mim o fizestes"

· "Ai daquele que rejeite a um destes pequeninos, pois os seus anjos da guarda veem a glória de Deus!"

· "Recebereis cem vezes mais nesta vida e depois a vida eterna..."

Não encontrei nenhuma que dissesse: "Procriai e multiplicai-vos com responsabilidade, não seja que a vossa generosidade seja maior que a Providência de Deus".

Décima terceira reflexão: O que nos diz o Dr. Billings

Enquanto minha consciência me gritava que não estava correto o estilo de vida Billings, caiu em minhas mãos o livro "O amor é mais forte" em que o autor na página 208 cita o Dr. Billings que adverte:

"É particularmente desaconselhável nos primeiros anos do matrimônio, que os momentos de experiência sexual sejam determinados pela infertilidade mais que pela inclinação natural. Além disso, a evasão da gravidez nesta época, é notavelmente perigosa para a estabilidade do matrimônio" (Método da ovulação, ed. Paulinas, México 1976)

Por que não nos dizem isso nos cursos do método Billings?

Conclusão

O mundo necessita de homens e mulheres santos

Se de verdade creio no valor da vida

Se de verdade creio que Deus é Todo-poderoso e que é o único doador da vida...

Se de verdade creio em sua Divina Providência...

Se de verdade creio na vida eterna...

Que razão pode ser tão grave para que seja preferível não permitir que um novo ser humano tenha a oportunidade de gozar da felicidade eterna junto a Deus?

Não será um grave pecado de omissão deixar de trazer um filho à vida, podendo tê-lo concebido?

Em certa ocasião a Madre Teresa de Calcutá disse:

"Os filhos são como as estrelas...
nunca poderemos dizer que são muitos."

E é verdade. Nunca serão muitos, porque a situação atual do mundo necessita muitos homens e mulheres santos que ensinem a Verdade a toda a humanidade. E se não geramos católicos... quem o fará?

Termino retomando as palavras preferidas do Santo Padre: "Não tenhais medo!"

Se de verdade creio em Deus, não posso desconfiar Dele, não posso ter medo, nem sequer diante da possibilidade da enfermidade ou da morte, pois Ele mesmo, com sua Paixão nos ensinou que qualquer sofrimento vale a pena em vista da vida eterna. E a única maneira de que nossos filhos a alcancem é permitindo-lhes nascer.

"As famílias numerosas são um sinal de benção divina e da generosidade dos pais" (cf. GS 50, 2).

Indicações de leitura

CATECISMO DA IGREJA CATÓLICA
https://www.vatican.va/archive/cathechism_po/inde
x_new/prima-pagina-cic_po.html

Evangelium Vitae
https://www.vatican.va/content/john-paul-
ii/pt/encyclicals/documents/hf_jp-
ii_enc_25031995_evangelium-vitae.html

Familiaris Consortio
https://www.vatican.va/content/john-paul-
ii/pt/apost_exhortations/documents/hf_jp-
ii_exh_19811122_familiaris-consortio.html

Humanae Vitae

https://www.vatican.va/content/paul-
vi/pt/encyclicals/documents/hf_p-
vi_enc_25071968_humanae-vitae.html

www.ingramcontent.com/pod-product-compliance
Lightning Source LLC
Chambersburg PA
CBHW060437290526
45791CB00002B/977